PONS

ENGLISCH to go
Grammatik

Die wichtigsten Regeln im Taschenformat

von
David Heitler
Corinna Löckle-Götz
Sheila McBride

Ernst Klett Sprachen GmbH
Barcelona - Belgrad - Budapest - Ljubljana - London - Posen - Prag -
Sofia - Stuttgart - Zagreb

PONS
ENGLISCH to go
Grammatik

Die wichtigsten Regeln im Taschenformat

von
David Heitler
Corinna Löckle-Götz
Sheila McBride

Auflage A1 7 6 5 4 3 / 2009 2008 2007

Internet: www.pons.de
E-Mail: info@pons.de

Redaktion: Angelique Slaats
Logoentwurf: Erwin Poell, Heidelberg
Logoüberarbeitung: Sabine Redlin, Ludwigsburg
Einbandgestaltung: deutschewerbeagentur
Titelfoto: Vlado Golub, Stuttgart
Layout/Satz: Regina Krawatzki, Stuttgart
Druck: Achilles Papierveredelung, Celle
Printed in Germany.
ISBN: 978-3-12-561335-5

Aussprachetabelle

Vokale und Diphthonge		
[æ]	cat	
[ɑː]	father	*Bahn*
[ɒ]	pot, bottom	
[aɪ]	ride, my	
[aʊ]	house, about	
[e]	pet, best	*Bett*
[ɜː]	bird, berth	
[ɝ]	keyword	
[ə]	Africa, potato	*halte*
[ʌ]	bust, multi	
[eɪ]	rate	
[eə]	there, hair	
[ɪ]	sit	*Bitte*
[i]	abbey	*Vitamin*
[iː]	read, meet	*viel*
[ɪə]	here, beer	
[ɔː]	caught, ought	
[əʊ]	boat, rode	
[ɔɪ]	boy, noise	
[ɚ]	rumor	
[uː]	moose, lose	*Hut*
[ʊ]	book, put	*Mutter*
[ʊə]	moor	

Konsonanten		
[b]	big	*Ball*
[d]	dad	*dicht*
[ð]	this, father	
[f]	fast	*viel*
[g]	gold	*Geld*
[h]	hello	*Hut*
[j]	yellow	*ja*
[k]	cat, king	*Kohl*
[kw]	queen	
[l]	little	*Last*
[m]	mom	*Meister*
[n]	nice	*nett*
[ŋ]	ring, rink, bingo	*Ring*
[p]	pat	*Papst*
[r]	right	*Rad*
[s]	soft	*heiß*
[ʃ]	shift	*Schaum*
[t]	take	*Test*
[tʃ]	chip, patch	*Matsch*
[θ]	think, bath	
[v]	vitamin	*wann*
[w]	wish, why	
[dʒ]	jam, object	*Job*
[ks]	fix	*Lachs*
[z]	zebra, jazz	*Hase*
[ʒ]	pleasure	*Genie*

ː bezeichnet die Länge des vorausgehenden Vokals.

Artikel

Unbestimmter Artikel *a*

Die Form *a*

Im Gegensatz zum Deutschen gibt es im Englischen nur einen unbestimmten Artikel: ***a***.

a holiday – *ein Urlaub,* **a** story – *eine Geschichte,*
about **a** dog – *über einen Hund,* in **a** town – *in einer Stadt,*
on **a** river – *an einem Fluss*

Die Form *an*

Wenn das Wort nach dem Artikel mit einem Vokal beginnt, wird meistens ***an*** benutzt:

an apple – *ein Apfel*
an English river – *ein englischer Fluss*
an insect – *ein Insekt*
an old town – *eine alte Stadt*
an unusual holiday – *ein außergewöhnlicher Urlaub*

Entscheidend ist jedoch nicht, mit welchem Buchstaben das Wort nachdem Artikel beginnt, sondern wie dieser Buchstabe ausgesprochen wird:

- vor den Vokalen **eu** und **u** steht der Artikel **a**, wenn diese [jʊə] bzw. [juː] ausgesprochen werden:
  They visited **a Eu**ropean city.
  There they went to **a u**niversity.
- vor **h** steht der Artikel **an**, wenn das **h** nicht gesprochen wird:
  They had to wait **an h**our in a queue.
- vor den Konsonanten **f**, **h**, **l**, **m**, **n**, **r**, **s** und **x** steht **an**, wenn sie als Einzelbuchstaben ausgesprochen werden:
  There is **an "s"** in the word "island".

Gebrauch des unbestimmten Artikels

Manchmal wird **a** und **an** im Englischen benutzt, wo im Deutschen kein Artikel steht:

- bei Berufen und Nationalitäten:
  She is **a doctor**. – *Sie ist Ärztin.*
  He is **an American**. – *Er ist Amerikaner.*

- bei einigen Zahlen:
  He has **a hundred and one** books.
  – *Er hat (ein)hunderteins Bücher.*
- nach **with**, **without** oder **as** (vor zählbaren Substantiven im Singular):
  a coat **with a** hood – *ein Mantel mit Kapuze*
  without a ticket – *ohne Fahrkarte*
  As a singer he was very successful.
  – *Als Sänger war er sehr erfolgreich.*
- bei bestimmten Redewendungen:
  I've got **a temperature**. – *Ich habe Fieber.*
  I'm **in a hurry**! – *Ich bin in Eile!*

Bestimmter Artikel *the*

Im Gegensatz zum deutschen „der / die / das" gibt es im Englischen nur einen bestimmten Artikel: **the**. Er ist unveränderlich.
The father and **the** mother, **the** child and **the** grandparents went to **the** circus in **the** holidays. – *Der Vater, die Mutter, das Kind und die Großeltern gingen in den Ferien in den Zirkus.*

Achtung! Nicht die Schreibweise, aber die Aussprache von **the** ändert sich manchmal, und zwar in denselben Fällen, in denen der unbestimmte Artikel **an** statt **a** verwendet würde. Dann wird **the** nicht [ðə], sondern [ðiː] ausgesprochen:
The child liked **the e**lephants but not the tigers.
The "h" in the word "hour" is silent.

Gebrauch des bestimmten Artikels

Der Gebrauch des bestimmten Artikels **the** wird in der Regel wie im Deutschen verwendet.

Kein **the** steht im Englischen jedoch:
- bei Monaten, Wochentagen und vielen Feiertagen:
  His birthday is **in July**. – *Er hat im Juli Geburtstag.*
- bei vielen öffentlichen Einrichtungen, sofern nicht bestimmte Gebäude gemeint sind:
  I have to go **to school**. – *Ich muss in die Schule gehen.*
  Aber: **The** school is not far from here.
  – *Die Schule* (nämlich eine bestimmte) *ist nicht weit von hier.*

- vor Ländernamen und Seen:
  We are going **to Switzerland to Lake Geneva**.
  – *Wir fahren in die Schweiz an den Genfer See.*

The steht im Gegensatz zum Deutschen vor Musikinstrumenten:
He plays **the** guitar and **the** drums.
– *Er spielt Gitarre und Schlagzeug.*

Substantiv

Groß- und Kleinschreibung

Im Englischen werden alle Substantive kleingeschrieben außer:

- Wochentage, Monatsnamen und Feiertage:
  Today it is **M**onday, 1st **J**anuary. Happy **N**ew **Y**ear!
  – *Heute ist Montag, der 1. Januar. Alles Gute zum neuen Jahr!*
- Eigennamen:
  In **L**ondon, **B**ob and **S**usan went to see **T**ower **B**ridge.
  – *In London haben Bob und Susan die Tower Bridge angeschaut.*
- Länderbezeichnungen und Nationalitäten:
  I am **I**talian but I live in **S**pain.
  – *Ich bin Italiener/in, aber ich lebe in Spanien.*

Geschlecht des Substantivs

Im Englischen sind grundsätzlich nur Personen bzw. Personenbezeichnungen männlich oder weiblich, und zwar entsprechend ihrem natürlichen Geschlecht:
This is my **aunt** Jenny. **She** is very rich.
– *Dies ist meine Tante Jenny. Sie ist sehr reich.*
This is my **uncle** Bob. **He** is very old.
– *Dies ist mein Onkel Bob. Er ist sehr alt.*

Viele Substantive, die Personen bezeichnen, können männlich und weiblich sein:

- viele Berufsbezeichnungen:
  boss – *Chef/Chefin*, student – *Student/Studentin*
- Wörter wie: customer – *Kunde/Kundin*, guest – *Gast*, friend – *Freund/Freundin*

Hier wird nur aus dem Zusammenhang klar, ob die Person männlich oder weiblich ist.
A customer has complained. **She** is here.
– *Eine Kundin hat sich beschwert. Sie ist hier.*

Dinge, Tiere und Pflanzen sind im Englischen sächlich:
Here is **my desk. It** is new. – *Hier ist mein Schreibtisch. Er ist neu.*
This is **a tropical fish. It** comes from China.
– *Dies ist ein tropischer Fisch. Er kommt aus China.*

Achtung! Tiere, die einem persönlich nahe stehen, können dagegen männlich oder weiblich sein:
This is **my goldfish, Amanda. She** is two years old.
– *Dies ist mein Goldfisch, Amanda. Sie ist zwei Jahre alt.*

Pluralbildung

Einfache Formen

Bei den meisten Substantiven wird im Englischen ein **-s** angehängt, um die Pluralform zu bilden:
mother → mother**s** (*Mütter*); table → table**s** (*Tische*)

Folgende Regeln müssen jedoch beachtet werden:

Singular	Plural	Regel
stor**y**	stor**ies**	Endung auf Konsonant + **-y**
fl**y**	fl**ies**	→ Pluralendung **-ies**
her**o**	her**oes**	Endung auf Konsonant + **-o**
tomat**o**	tomat**oes**	→ Pluralendung **-oes**
hal**f**	hal**ves**	Endung auf *-f* oder **-fe**
wi**fe**	wi**ves**	→ Pluralendung **-ves**
bo**ss**	boss**es**	Endung auf **-s, -ss, -sh, -ch, -x, -z**
bo**x**	box**es**	→ Pluralendung **-es**

Substantive mit besonderen Pluralformen:

child	**children**	foot	**feet**	mouse	**mice**
man	**men**	goose	**geese**	sheep	**sheep**
woman	**women**	tooth	**teeth**	ox	**oxen**

Substantive ohne Singularform

Die englischen Substantive **glasses** (*Brille*), **jeans** (*Jeans*), **shorts** (*Shorts, kurze Hose*), **scissors** (*Schere*) und **trousers** (*Hose*) existieren nur in der Pluralform. Wenn mehrere von ihnen gemeint sind, wird dies mit Hilfe einer Mengenangabe verdeutlicht:

Singular:	new trousers a new pair of trousers	*eine neue Hose*
Plural:	**two pairs** of trousers	*zwei Hosen*

Substantive ohne Pluralform

Einige englische Substantive, z. B. **advice** (*Rat, Ratschlag*), **bread** (*Brot*), **information** (*Information*) und **research** (*Forschung*), existieren nur im Singular. Auch hier wird eine Mengenangabe benutzt, um sie zu zählen:

a piece of information – *eine Information*
some information – *einige Informationen*

Weitere Sonderformen

- Das englische Wort **news** (*Nachricht(en), Neuigkeit*) wird als Singularwort benutzt:
  That **is** good news. – *Das sind gute Neuigkeiten.*
- Die Wörter **furniture** (*Möbel*) und **homework** (*Hausaufgaben*) sind im Englischen Singularwörter, nicht wie im Deutschen:
  His furniture **is** old. – *Seine Möbel sind alt.*

Akkusativ, Dativ, Genitiv

Die Akkusativform (*wen/was?*) und die Dativform (*wem?*) der Substantive stimmen mit der Nominativform (*wer/was?*) überein. Zur Bildung der Genitivform (*wessen?*) wird bei Personen und Tieren im Singular **'s** und im Plural nur ein Apostroph (') angehängt.

Singular	Plural
the cat**'s** tail *der Schwanz der Katze*	the cats**'** tails *die Schwänze der Katzen*
the boss**'s** wife *die Frau des Chefs*	the bosses**'** wives *die Frauen der Chefs*

Für Gegenstände wird meistens **of** verwendet:

the title **of** his new book	the titles **of** his new books

Adjektiv

Im Gegensatz zu deutschen Adjektiven bleiben englische Adjektive immer unverändert:
an **old** book – *ein altes Buch*
many **old** books – *viele alte Bücher*
an **interesting** film – *ein interessanter Film*
interesting films – *interessante Filme*

Adjektive stehen meistens vor dem Substantiv, das sie näher beschreiben: That is my **rich** aunt, Lisa.
– *Das ist meine reiche Tante Lisa.*

Sie stehen häufig auch nach den Verben **be** (*sein*), **become** (*werden*), **seem** (*scheinen*), **smell** (*riechen, duften*), **taste** (*schmecken*):
This author will **become famous** very soon.
– *Dieser Autor wird sehr bald berühmt werden.*
The cake **smells nice**.
– *Der Kuchen riecht lecker.*

Partizipien als Adjektive

Die *-ing*-Form und das Past Participle eines Verbs können als Adjektive benutzt werden.

***-ing*-Form:**
Rocks were falling on the road.
– *Steine fielen auf die Straße.*
→ The **falling** rocks blocked the road.
– *Die fallenden Steine blockierten die Straße.*

Past Participle:
We have broken a plate.
– *Wir haben einen Teller zerbrochen.*
→ We threw the **broken** plate away.
– *Wir warfen den zerbrochenen Teller weg.*

Steigerungsformen

Steigerungsformen mit *-er* und *-est*

Bei einsilbigen Adjektiven sowie bei zweisilbigen Adjektiven, die auf **-er**, **-le**, **-ow** oder **-y** enden, werden die Steigerungsformen mit **-er** und **-est** gebildet:
a tall boy – *ein großer Junge*
a tall**er** boy – *ein größerer Junge*
the tall**est** boy – *der größte Junge*

Besonderheiten bei der Bildung:

- Endet das Adjektiv auf **-e**, wird nur **-r** bzw. **-st** angehängt:
  a nice girl → a nice**r** girl → the nice**st** girl
- Endet das Adjektiv auf **-d**, **-g** oder **-t**, wird dieser letzte Buchstabe bei der Steigerung verdoppelt:
  a big house → a bi**gger** house → the bi**ggest** house
- Endet das Adjektiv auf **-y**, verwandelt sich das **-y** bei der Steigerung zu **-ie**:
  a sunny day → a sunn**ier** day → the sunn**iest** day

Steigerungsformen mit *more* und *most*

Die Steigerungsformen werden mit **more** und **most** gebildet bei

- zweisilbigen Adjektiven, die nicht auf **-er**, **-le**, **-ow** oder **-y** enden:
  a **famous** author – *ein berühmter Autor*
  a **more famous** author – *ein berühmterer Autor*
  the **most famous** author – *der berühmteste Autor*
- allen Adjektiven mit mehr als zwei Silben:
  an **expensive** book – *ein teures Buch*
  a **more expensive** book – *ein teureres Buch*
  the **most expensive** book – *das teuerste Buch*
- Adjektiven, die von Partizipien abgeleitet sind:
  a **boring** film – *ein langweiliger Film*
  a **more boring** film – *ein langweiligerer Film*
  the **most boring** film – *der langweiligste Film*

Unregelmäßige Steigerungsformen

bad	worse	worst	*schlecht, schlimm*
good	better	best	*gut*
ill	worse	worst	*krank*
well	better	best	*gesund*
little	smaller	smallest	*klein*
far	farther	farthest	*weit*
	further	furthest	

Übrigens: **too** wird für das deutsche „zu (sehr)" verwendet.
The shirt is **too** short. – *Das Hemd ist zu kurz.*

Vergleiche

Um zwei ähnliche Sachen zu vergleichen, wird die Grundform des Adjektivs + **as … as** verwendet:
Anne is **as tall as** her sister.
– *Anne ist so groß wie ihre Schwester.*

Um zwei ungleiche Sachen zu vergleichen, wird die Steigerungsform mit **-er** bzw. **more + than** verwendet:
Anne is **taller than** her brother.
– *Anne ist größer als ihr Bruder.*

Um auszudrücken, dass eine Eigenschaft unübertrefflich ist, wird die Steigerungsform mit **-est** bzw. **most** zusammen mit dem bestimmten Artikel verwendet:
Bob is **the tallest.**
– *Bob ist am größten/der Größte.*
He is **the most famous.**
– *Er ist am berühmtesten/der Berühmteste.*

Adverb

Ein Adverb kann sich auf ein Verb, ein Adjektiv, ein anderes Adverb oder einen ganzen Satz beziehen.

Verb:	He **ran fast.** – *Er lief schnell.*
Adjektiv:	We were **extremely tired.** – *Wir waren äußerst müde.*
Adverb:	He works **terribly slowly.** – *Er arbeitet furchtbar langsam.*
Satz:	**Unfortunately** we missed him. – *Wir haben ihn leider verpasst.*

Bildung von Adverbien

Viele Adverbien können von Adjektiven abgeleitet werden, indem man **-ly** an das Adjektiv anhängt:

quick	quick**ly**	*schnell*
rare	rare**ly**	*selten*

Es gibt aber folgende Sonderregeln bei der Bildung:

- Endet das Adjektiv auf Konsonant + **-le**, wird nur das **-e** durch **-y** ersetzt:

proba**ble**	proba**bly**	*wahrscheinlich*
sim**ple**	sim**ply**	*einfach*

- Endet das Adjektiv auf **-y**, wird beim Adverb das **-y** durch **-ily** ersetzt:

eas**y**	eas**ily**	*einfach, leicht*

- Bei Adjektiven auf **-ic** lautet die Adverbendung **-ally**:

automat**ic**	automatic**ally**	*automatisch*

Wichtige Ausnahmen

Die Bildung einiger Adverbien erfolgt anders als nach den oben stehenden Regeln. Hierzu gehören:

full → **fully** *(voll)*, public → **publicly** *(öffentlich)*,
shy → **shyly** *(schüchtern)*, true → **truly** *(wahrhaftig)*,
whole → **wholly** *(ganz)*

Einige Adverbien haben die gleiche Form wie die entsprechenden Adjektive:

back	*zurück*	**high**	*hoch*
close	*nahe*	**late**	*spät*
deep	*tief*	**left / right**	*links / rechts*
early	*früh*	**long**	*lang*
enough	*genug*	**near**	*nah*
far	*weit*	**right**	*richtig*
fast	*schnell*	**straight**	*gerade / direkt*
hard	*hart, kräftig*	**wrong**	*falsch*

Zu bestimmten Adjektiven, die auf **-ly** enden, können keine Adverbien gebildet werden. Stattdessen werden Umschreibungen verwendet:

friendly	**in a friendly way**	*freundlich*
silly	**in a silly fashion**	*albern, dumm*

Achtung! Das Adverb zu ***good*** (gut) heißt ***well***.

Steigerungsformen

Folgende Adverbien bilden die Steigerungsformen wie Adjektive mit **-(e)r** und **-est**:

close	close**r**	close**st**	*nahe*
early	earl**ier**	earl**iest**	*früh*
fast	fast**er**	fast**est**	*schnell*
hard	hard**er**	hard**est**	*hart, kräftig*
wide	wide**r**	wide**st**	*weit, breit*

Die meisten Adverbien mit zwei und mehr Silben verwenden zur Steigerung jedoch **more** und **most**:

clearly → **more** clearly → **most** clearly *klar, klarer, am klarsten*

Unregelmäßige Steigerungsformen:

well	better	best	*gut, besser, am besten*
far	further farther	furthest farthest	*weit, weiter,* *am weitesten*
little	less	least	*wenig, weniger,* *am wenigsten*

Das Adverb **badly** hat verschiedene Bedeutungen und Steigerungsformen:

- badly → **more** badly → **most** badly *schlimm*

The driver was **more badly** hurt than the passenger.
– Der Fahrer war schlimmer verletzt als der Fahrgast.

- badly → **worse** → **worst** *schlecht*

We did badly in our exam, but Sam did **worst** of all.
– Wir schnitten in der Prüfung schlecht ab, aber Sam schnitt am allerschlechtesten ab.

Achtung! Folgende ähnlich aussehende Adverbien dürfen nicht verwechselt werden:

hard	*hart, kräftig*	≠	**hardly**	*kaum*
fair	*fair*	≠	**fairly**	*gerecht, ziemlich*
late	*spät*	≠	**lately**	*in letzter Zeit*
pretty	*ziemlich*	≠	**prettily**	*nett, hübsch*

Position des Adverbs

Das Adverb steht nie zwischen Verb und Objekt.

Adverbien der Art und Weise können vor dem Verb oder nach dem Objekt stehen:
He **carefully** lifted up the injured bird.
Oder: He lifted up the injured bird **carefully**.
Er hob den verletzten Vogel vorsichtig auf.

Adverbien der Häufigkeit (**always, often, frequently, sometimes, occasionally, never…**) stehen

- nach dem Hilfsverb:
  We have **never** been to Paris.
  – Wir sind noch nie in Paris gewesen.
- zwischen Subjekt und Verb, wenn kein Hilfsverb vorhanden ist:
  The train **usually** arrives on time.
  – Normalerweise kommt der Zug pünktlich an.
- manchmal zur Betonung am Satzanfang:
  Usually we meet every Friday.
  – Gewöhnlich treffen wir uns jeden Freitag.

Pronomen

Personalpronomen

Personalpronomen als Subjekt

Singular		Plural	
I	*ich*	**we**	*wir*
you	*du, Sie*	**you**	*ihr, Sie*
he	*er*	**they**	*sie*
she	*sie*		
it	*es*		

Das Englische hat nur eine Form für *du*, *ihr* und *Sie*, nämlich **you**.
Peter, can **you** help me? – *Peter, kannst du mir helfen?*
Peter and Sara, can **you** help me?
– *Peter und Sara, könnt ihr mir helfen?*
Excuse me, Mr Brown, can **you** help me please?
– *Entschuldigung, Herr Brown, können Sie mir bitte helfen?*

Wenn man sich bei allgemeinen Aussagen nicht eindeutig auf ein Geschlecht bezieht, werden bei den Pronomen beide Geschlechter berücksichtigt:
If a customer is not happy, **he or she** should ring the manager.
– *Wenn eine Kundin/ein Kunde nicht zufrieden ist, soll sie/er den Manager anrufen.*

In der gesprochenen Sprache kann man auch **they** statt **he** or **she** verwenden:
If one of the children is hungry, **he or she / they** can get an apple from the kitchen.
– *Wenn eines der Kinder Hunger hat, kann es sich einen Apfel aus der Küche holen.*

Personalpronomen als Objekt

Singular		Plural	
me	*mich, mir*	**us**	*uns*
you	*dich, dir, Sie, Ihnen*	**you**	*euch, Sie, Ihnen*
him	*ihn, ihm*	**them**	*sie, ihnen*
her	*sie, ihr*		
it	es, *ihm*		

Have you seen my brother? Yes I saw **him** in the cafeteria.
– *Hast du meinen Bruder gesehen? Ja, ich sah ihn in der Kantine.*
Was he alone? No, Paul was **with him**.
– *War er allein? Nein, Paul war dabei.*

Achtung! Wenn ein Pronomen allein oder nach dem Verb **be** steht, wird die Objektform verwendet:
Who wants a chocolate? **Me**! – *Wer möchte eine Praline? Ich!*
It's **them**! – ***Sie*** *sind es.*

Possessivbegleiter und -pronomen

Possessivbegleiter und -pronomen haben im Englischen in allen Fällen die gleiche Form.

Possessivbegleiter		Possessivpronomen	
Singular			
my	*mein, meine*	**mine**	*meine/r/s*
your	*dein, deine, Ihr, Ihre*	**yours**	*deine/r/s, Ihre/r/s*
his	*sein, seine*	**his**	*seine/r/s*
her	*ihr, ihre*	**hers**	*ihre/r/s*
its	*sein, seine*	**its**	*seine/r/s*
Plural			
our	*unser, unsere*	**ours**	*unsere/r/s*
your	*euer, eure, Ihr, Ihre*	**yours**	*eure/r/s, Ihre/r/s*
their	*ihr, ihre*	**theirs**	*ihre/r/s*

Possessivbegleiter stehen vor dem Substantiv, auf das sie sich beziehen:
Can I put **my** keys into **your** bag?
– *Kann ich meine Schlüssel in deine/Ihre Tasche stecken?*
This is a very old house, but **its** windows are new.
– *Dies ist ein sehr altes Haus, aber seine Fenster sind neu.*

Possessivpronomen ersetzen ein Substantiv, das zuvor genannt wurde:
Is that Carol's book? No, it is **mine.**
– *Ist das Carols Buch? Nein, es ist meins.*
Is that her key? No, it is **his.**
– *Ist das ihr Schlüssel? Nein, es ist seiner.*

Reflexivpronomen

Singular		Plural	
myself	*mich, mir*	**ourselves**	*uns*
yourself	*dich, dir*	**yourselves**	*euch*
himself	*sich*	**themselves**	*sich*
herself	*sich*		
itself	*sich*		

Reflexivpronomen werden meistens zusammen mit Verben benutzt:
He cut **himself**. – *Er hat sich geschnitten.*

Reflexivpronomen werden im Englischen auch verwendet, wo im Deutschen (*sich*) *selbst/selber* steht:
You know that **yourself.** – *Das weißt du doch selbst.*

Häufige Wendungen mit Reflexivpronomen:
Help **yourself**! – *Bedienen Sie sich!*
Enjoy **yourselves**! – *Viel Spaß!*
Behave **yourself**! – *Benimm dich!*
Do it **yourself**! – *Mach es selber!*

Viele Verben, die im Deutschen reflexiv sind, sind im Englischen nicht reflexiv oder es wird **each other** (im Sinne von *sich gegenseitig/einander)* verwendet:
We must **change** before we go out.
– *Wir müssen uns umziehen, bevor wir ausgehen.*
We have known **each other** since we were at school.
– *Wir kennen uns seit der Schulzeit.*

Das Pronomen **„man"** gibt es im Englischen nicht. Für allgemeine Aussagen wird **you** oder **one** verwendet. Die Form **one** ist formeller als die Form **you. You / One** should look right and left before **you** cross / **one** crosses the road. – *Man sollte nach rechts und links schauen, bevor man die Straße überquert.*

Achtung! Das Possessivpronomen für **one** im Sinne von „man" ist **one's:**
One should wash **one's** hands before one eats.
– *Man sollte sich vor dem Essen die Hände waschen.*

Demonstrativpronomen und -begleiter

Singular		Plural	
this	*dieser, diese, dieses; das hier*	**these**	*diese; diese hier*
that	*dies/das da*	**those**	*diese da*

This / these bezeichnen – vom Sprecher aus gesehen – etwas örtlich oder zeitlich nahe Gelegenes, **that / those** etwas örtlich oder zeitlich Entferntes.

This / these und **that / those** können als **Demonstrativbegleiter** vor dem Substantiv benutzt werden:
I like **this** skirt, but I like **that** dress over there more.
– *Mir gefällt dieser Rock, aber das Kleid dort drüben gefällt mir besser.*

Sie können aber auch allein als **Demonstrativpronomen** stehen und sich auf ein Substantiv beziehen, das ggf. danach genannt wird:
These are the right numbers.
– *Diese hier sind die richtigen Nummern.*

Relativpronomen

Im Englischen gibt es drei Relativpronomen: **who**, **which** und **that**. In der gesprochenen Sprache ist **that** am häufigsten.

Für Personen wird **who** oder **that** benutzt:
That is the woman **who / that** sold me the mobile phone.
– *Das ist die Frau, die mir das Handy verkauft hat.*

Für Sachen wird **which** oder **that** verwendet:
Look, this is the new mobile phone **which / that** I bought last week. – *Schau, das ist das neue Handy, das ich letzte Woche gekauft habe.*

Wenn das Relativpronomen Objekt des Relativsatzes ist, kann es weggelassen werden:
This is the book **(that)** we bought yesterday.
– *Dies hier ist das Buch, das wir gestern gekauft haben.*

Mengenwörter

Much, many – little, few

- **much** (*viel*) und **little** (*wenig*) werden bei nicht zählbaren Wörtern benutzt. Die Steigerung ist unregelmäßig:
  much money → **more** money → **(the) most** money
  – *viel Geld, mehr Geld, das meiste Geld*
  little interest → **less** interest → **(the) least** interest
  – *wenig Interesse, weniger Interesse, das geringste Interesse*
- **many** (*viele*) und **few** (*wenige*) werden bei zählbaren Wörtern benutzt. Auch sie werden unregelmäßig gesteigert:
  many mistakes → **more** mistakes → **(the) most** mistakes
  – *viele Fehler, mehr Fehler, die meisten Fehler*
  few spectators → **fewer** spectators → **(the) fewest** spectators – *wenige Zuschauer, weniger Zuschauer, die wenigsten Zuschauer*
- Recht gebräuchlich sind auch **a little** (*ein wenig / ein bisschen*) bei nicht zählbaren Wörtern und **a few** (*einige / ein paar*) bei zählbaren Wörtern:
  a little water – *ein wenig Wasser,* **a few** guests – *einige Gäste*

- **a lot (of) / lots (of)** (*viel, viele / eine Menge*) wird in der Alltagssprache bei zählbaren und nicht zählbaren Wörtern verwendet. Dabei gilt: Folgt auf **a lot** ein Substantiv, wird **of** eingeschoben.
  Have you got **a lot of** money? No, I haven't got **a lot**.
  – Hast du viel Geld? Nein, ich habe nicht viel (Geld).

Weitere Mengenwörter

- **everybody, everyone** und **every** (+ Substantiv) werden für *jeder / jede / jedes* verwendet:
  Every year we have a big party and **everyone** brings a cake.
  – Jedes Jahr feiern wir eine Party und jeder bringt einen Kuchen mit.
- **each** betont, dass *jeder / jede / jedes Einzelne* gemeint ist:
  Each person has to fill in a form and **each** form has to be checked.
  – Jeder (Einzelne) muss ein Formular ausfüllen und jedes (einzelne) Formular muss geprüft werden.
- **some** und **any** bedeuten *einige* bei zählbaren bzw. *etwas* bei nicht zählbaren Wörtern.
  In positiven Aussagesätzen wird meist **some**, in Fragen und bei Verneinungen wird meist **any** verwendet:
  I need **some** eggs. Have you got **any**?
  – Ich brauche ein paar Eier. Hast du welche?
  Have you got **any** sugar? I need **some** for my cake. Sorry, I haven't got **any**.
  – Hast du Zucker? Ich brauche etwas davon / welchen für meinen Kuchen. Tut mir Leid, ich habe keinen.
- **no** + Substantiv (*kein / e*) kann oft statt eines verneinten Satzes benutzt werden:
  I haven't got children. → I have **no** children.
  – Ich habe keine Kinder.
- **nobody** und **no one** (*keine / r*) werden als Pronomen bei Personen gebraucht:
  No one / Nobody came back. – *Keiner kam zurück.*

Konjunktionen

Die Konjunktionen **and** (*und*) sowie **but** (*aber, sondern*) werden wie im Deutschen benutzt. Sie verbinden gleichrangige Sätze und Satzglieder.

Fast alle anderen Konjunktionen leiten Nebensätze ein.

He put on his coat. He put on his hat. It was cold. He left the house.
→ He put on his coat **and** his hat, **because** it was cold **when** he left the house.
Er zog seinen Mantel an und setzte seinen Hut auf, weil es kalt war, als er das Haus verließ.

> Durch eine Konjunktion wird die Position des Verbs oder des Hilfsverbs im englischen Nebensatz – anders als im Deutschen – nicht verändert.

I left the cinema. The film was boring.
→ I left the cinema, **because** the film was boring.
Ich verließ das Kino, weil der Film langweilig war.

Kausale Konjunktionen

In einem kausalen Nebensatz steht der Grund bzw. die Ursache für das, was im Hauptsatz steht.

as	*da, weil*	**for**	*da, denn*
because	*da, weil*	**since**	*da, weil*

As / Because / Since she was late she took a taxi.
– *Da sie spät dran war, nahm sie ein Taxi.*

Achtung! Ein Nebensatz mit **for** kann immer nur nach dem Hauptsatz stehen.
She took a taxi **for** she was late.
– *Sie nahm ein Taxi, denn sie war spät dran.*

Temporale Konjunktionen

Ein temporaler Nebensatz stellt eine zeitliche Beziehung zum Hauptsatz her.

after	*nachdem*	**since**	*seit(dem)*
as	*als*	**until**	*bis*
as long as	*solange*	**when**	*wenn, als*
as soon as	*sobald*	**while**	*während*
before	*bevor*		

She arrived **as** the train was leaving.
– *Sie kam an, als der Zug gerade abfuhr.*

When kann (*jedes Mal,*) *wenn* und *als* bedeuten:
When he arrived, he took a photo.
– *Als er ankam, machte er ein Foto.*
When he was in London he always took photos.
– *Wenn er in London war, machte er immer Fotos.*

that und *so (that)*

that	*dass, sodass*	**so (that)**	*damit*

That drückt eine Folge bzw. ein Ergebnis aus (konsekutive Bedeutung).
It was so cold yesterday **that** I did not leave the house.
– *Gestern war es so kalt, dass ich nicht aus dem Haus ging.*

So that wird in Nebensätzen verwendet, die einen Zweck angeben (finale Bedeutung). **That** kann dabei auch weggelassen werden.
I need a pen **so (that)** I can write him a note.
– *Ich brauche einen Stift, damit ich ihm eine Nachricht schreiben kann.*

Statt eines Nebensatzes mit **so that** kann man häufig auch eine Infinitivkonstruktion mit **to** oder **in order to** verwenden:
She took a taxi **(in order) to** get there in time.
– *Sie nahm ein Taxi, um rechtzeitig dort anzukommen.*

Weitere Konjunktionen

although	*obwohl*	**if / whether**	*ob*
unless	*es sei denn, dass*	**whereas**	*während, wohingegen*

Diese Konjunktionen werden wie im Deutschen verwendet.

Zu **if** in der Bedeutung *wenn, falls* siehe **if-Sätze.**

if-Sätze

If-Sätze geben eine Bedingung an für das, was im Hauptsatz steht (konditionale Bedeutung).

Möglichkeit in der Gegenwart

Die Erfüllung der Bedingung wird für wahrscheinlich oder möglich gehalten.

if-Satz	Hauptsatz
Present Simple	Future Simple

If the weather is fine we **will go** for a walk. – *Falls/Wenn das Wetter schön ist, machen wir einen Spaziergang.*

Unmöglichkeit in der Gegenwart

Die Erfüllung der Bedingung wird für unwahrscheinlich oder unmöglich gehalten.

if-Satz	Hauptsatz
Past Simple	Conditional

If the weather **was** fine we **would go** for a walk. – *Wenn das Wetter schön wäre, würden wir einen Spaziergang machen.*

Unmöglichkeit in der Vergangenheit

Die Erfüllung der Bedingung ist unmöglich, da das Ereignis in der Vergangenheit bereits anders eingetreten ist.

if-Satz	Hauptsatz
Past Perfect	Conditional Perfect

If the weather **had been** fine we **would have gone** for a walk. – *Wenn das Wetter schön gewesen wäre, hätten wir einen Spaziergang gemacht.*

Präpositionen

Da es keine festen Regeln für die Verwendung von Präpositionen gibt, lernen Sie diese am besten immer gleich mit einem passenden Beispiel.

Präpositionen des Ortes

- **at** wird häufig bei Gebäuden oder Gebäudeteilen, öffentlichen Einrichtungen und Veranstaltungen und im Sinne von *am*, *an der* benutzt:
  at the station – *am Bahnhof,* **at** the entrance – *am Eingang,* **at** the office – *im Büro,* **at** the party – *auf der Party,* **at** the table – *am Tisch*
- **in** wird bei Ortsangaben verwendet, wenn man an das Innere des Ortes oder Gebäudes denkt:
  a library **in** the school – *eine Bibliothek in der Schule,* **in** Paris – *in Paris*
- **on** kann sowohl *auf* als auch *an* bedeuten:
  on the table – *auf dem Tisch,* **on** the wall – *an der Wand*
- **beside**, **next to**, **by** und **near** weisen auf Positionen hin, die vom Bezugspunkt weiter entfernt sind:
  sit **beside** someone – *neben jemandem sitzen*
  next to the post office – *neben dem Postamt*
  by the canal – *am Kanal*
  near the town centre – *nahe beim Stadtzentrum*

Präpositionen, die eine Richtung angeben

- Eindeutig richtungsanzeigend sind **into** (*in*) und **onto** (*auf*). In der Umgangssprache können stattdessen auch **in** bzw. **on** verwendet werden.
  He has just put the book **into / in** his bag.
  – Er hat das Buch eben in seine Tasche gesteckt.
- **to** in der Bedeutung *zu, nach* wird bei Städten, Ländern, Gebäuden etc. verwendet:
  go **to** Italy / **to** London / **to** the party
  – nach Italien / nach London / zur Party gehen

Achtung! Welcome **to** Berlin. – *Willkommen in Berlin.*
To wird auch vor indirekten Objekten (*wem?*) benutzt:
Please don't give sweets **to** the children.
– *Geben Sie den Kindern bitte keine Süßigkeiten.*

- **from** gibt den Ausgangspunkt an:
greetings **from** Italy – *Grüße aus Italien*
back **from** holiday – *zurück vom Urlaub*

Präpositionen der Zeit

- **on** wird bei Wochentagen und Feiertagen, Tageszeiten und Datumsangaben verwendet:
on Monday – *am Montag,*
on the twelfth of June – *am zwölften Juni*
- **at** wird bei Uhrzeiten, Tageszeiten, Festtagen und Mahlzeiten benutzt: **at** six o'clock – *um 6 Uhr,* **at** night – *nachts*
Achtung! Es heißt aber: **in** the morning / afternoon / evening
- **in** wird bei Jahreszeiten, Jahren und Monaten verwendet:
in spring – *im Frühling,* **in** 1850 – *(im Jahre) 1850*
- **since** wird mit Bezug auf einen vergangenen Zeitpunkt bzw. Zeitraum in der Bedeutung von *seit* verwendet:
since last week – *seit letzter Woche,* **since** 1945 – *seit 1945,*
since my birthday – *seit meinem Geburtstag*
- **for** wird bei der Angabe einer Zeitdauer benutzt:
for two weeks – *zwei Wochen lang, seit zwei Wochen*
for hours – *stundenlang, seit Stunden*

Achtung! Geht es um Vorgänge oder Zustände, die bis zur Gegenwart andauern, wird in Sätzen mit der Präposition **since** oder **for** das Present Perfect bzw. das Present Perfect Continuous verwendet:
Since his car accident John **has worked** part time.
– *Seit seinem Autounfall arbeitet John Teilzeit.*
For (the last) two years John **has been working** part time.
– *Seit zwei Jahren arbeitet John Teilzeit.*

- **before** wird mit einem Zeitpunkt, **ago** mit einer Zeitdauer verwendet. **Ago** wird immer nachgestellt:
  before 6 o'clock – *vor 6 Uhr*
  6 hours **ago** – *vor sechs Stunden*
- **from** und **until** werden mit einer Zeitgrenze verwendet:
  from 8 o'clock **until** 11 o'clock – *von 8 bis 11 Uhr*
  In der Umgangssprache wird häufig **till** statt **until** verwendet:
  from dawn **till** dusk – *von morgens bis abends*

Wichtige zeitliche Ausdrücke:
by 2 o'clock – *bis spätestens 2 Uhr*
around 2 o'clock – *gegen 2 Uhr*
arrive **on time** – *pünktlich ankommen*
arrive **in time** – *rechtzeitig ankommen*
at the same time – *gleichzeitig*

Besonderheiten

Manche Präpositionen bestehen aus zwei oder mehr Wörtern:
back to the cinema – *zurück zum Kino*
because of the weather – *wegen des Wetters*
in spite of the weather – *trotz des Wetters*
instead of – *(an)statt*
out of – *aus … heraus, außerhalb von*

Folgende wichtige Ausdrücke mit Präpositionen können Stolperfallen sein, die man sich merken sollte:
a book **by** Goethe – *ein Buch von Goethe*
made **of** silk – *aus Seide*
by plane – *mit dem Flugzeug*
on foot – *zu Fuß*
by chance – *durch Zufall*
by the way – *übrigens*

Zahlen

Grundzahlen

1	one	11	eleven	21	twenty-one
2	two	12	twelve	22	twenty-two
3	three	13	thirteen	30	thirty
4	four	14	fourteen	40	forty
5	five	15	fifteen	50	fifty
6	six	16	sixteen	60	sixty
7	seven	17	seventeen	70	seventy
8	eight	18	eighteen	80	eighty
9	nine	19	nineteen	90	ninety
10	ten	20	twenty	100	one hundred

101	one hundred and one
1,000	one thousand
100,000	one hundred thousand
1,000,000	one million

Das Wort *Milliarde* gibt es im Englischen nicht. Stattdessen sagt man ***a billion*** oder ***a thousand million***. Eine Billion heißt ***a trillion***.

Achtung! Wenn man Zahlen in Ziffern schreibt, muss man beachten, dass im Englischen die Stellen hinter dem Komma durch einen Punkt getrennt und Tausenderschritte durch ein Komma gekennzeichnet werden. Dezimahlzahlen werden einzeln gesagt. **980,076.55** – nine hundred and eighty thousand and seventy-six point five five (deutsch: 980.076,55)

Ordnungszahlen

Bei den Ordnungszahlen wird einfach **-th** an das Zahlwort angehängt: four**th** **(4th)** – *vierte/r/s*, six**th** **(6th)** – *sechste/r/s* etc.

Ausnahmen:
first (1st) – *erste/r/s*, **second (2nd)** – *zweite/r/s*,
third (3rd) – *dritte/r/s*, fif**th** **(5th)** – *fünfte/r/s*

Bei Zahlen, die auf **-y** enden, wird das **-y** durch **-ieth** ersetzt: twent**ieth** **(20th)** – *zwanzigste/r/s* etc.

Simple tenses Einfache Zeitformen

Present Simple

Keine Zeitangabe notwendig; bezieht sich auf allgemeine oder objektive Informationen und sich wiederholende Aktivitäten:
We **live** in London.
Jim **watches** TV after work., I **know** the president.

Bildung: Infinitive. Nur die 3. Person Singular wird verändert, indem ein **-s** angehängt wird.

Past Simple

Wird oft in Verbindung mit einer *Zeitangabe der Vergangenheit* gebraucht; bezieht sich auf vollendete, abgeschlossene Handlungen und Fakten:
We **worked** in London *in 1998.*, I **passed** the test *in June*.

Bildung:
- bei regelmäßigen Verben: Infinitive + *-ed*
- bei unregelmäßigen Verben: Past-Simple-Form des Verbs

Future Simple

Drückt Vorhersagen, Versprechungen, unvermeidbare Fakten sowie spontane Entscheidungen aus:
We **will meet** *next year.*, *Tomorrow* it **will** rain., I**'ll** help you with the luggage!

Bildung: *will* + Infinitive

Continuous tenses Verlaufsform

Present Continuous

Eine Zeitangabe muss nicht erwähnt werden; bezieht sich auf Vorgänge, die zum Sprechzeitpunkt oder im gegenwärtigen Zeitraum am Laufen sind. Wird in Verbindung mit einer *Zeitangabe der Zukunft* oft gebraucht, um über geplante Ereignisse zu sprechen:
We **are making** cake *tomorrow*.
I **am visiting** my parents.

Bildung: Präsens von *be* + *-ing*-Form des Verbs

Past Continuous

Bezieht sich auf Vorgänge, die zu einem Zeitpunkt in der Vergangenheit am Laufen waren, als eine *neue Handlung (im Past Simple)* eintrat:

Everyone **was talking** *when I arrived*.

Bildung: *was/were* + *-ing*-Form des Verbs

Future Continuous

Die *Zeitangabe der Zukunft* muss erwähnt werden; bezieht sich auf Vorgänge, die zu jenem erwähnten Zeitpunkt in der Zukunft ablaufen werden:

Our representative **will be visiting** your area *next month*.

Bildung: *will* + *be* + *-ing*-Form des Verbs

Perfect tenses Perfektformen

Present Perfect

Eine Zeitangabe muss nicht erwähnt werden; bezieht sich auf das Ergebnis einer Handlung, die *vor* dem Sprechzeitpunkt abgelaufen ist, aber für die Gegenwart von Bedeutung ist:

Oh look! Robert **has washed** his hair.

We **have been** here before.

Bildung: *have/has* + Past Participle

Past Perfect

Bezieht sich auf Vorgänge, die *vor einer anderen Handlung in der Vergangenheit* bereits abgeschlossen waren:

When I last used a cashpoint machine I **had forgotten** my pin number.

Bildung: *had* + Past Participle

Future Perfect

Bezieht sich auf das Ergebnis einer Handlung, die *vor einem Zeitpunkt in der Zukunft* abgeschlossen sein wird:

When you finish reading this page you **will have learnt** a lot.

Bildung: *will have* + Past Participle

Perfect continuous tenses Verlaufsformen des Perfekts

Present Perfect Continuous

Wird meistens mit einer Zeitangabe mit **since** oder **for** verwendet; bezieht sich auf Vorgänge, die vor dem Sprechzeitpunkt bzw. vor dem gegenwärtigen Zeitraum begonnen haben und noch am Laufen sind:
We **have been developing** this idea *since* May.

Bildung: *have been/has been* + *-ing*-Form des Verbs

Past Perfect Continuous

Wird meistens mit einer Zeitangabe mit **since** oder **for** verwendet; bezieht sich auf Vorgänge, die *vor dem erwähnten Zeitpunkt in der Vergangenheit* begonnen hatten und abgelaufen waren:
I **had been working** here for fifteen years *before they promoted me.*

Bildung: *had been* + *-ing*-Form des Verbs

Future Perfect Continuous

Wird meistens mit einer Zeitangabe mit **since** oder **for** verwendet; bezieht sich auf Vorgänge, die *vor einem Zeitpunkt in der Zukunft* begonnen haben und abgelaufen sein werden:
When we arrive in Chicago we **will have been practising** our English for two weeks.

Bildung: *will have been* + *-ing*-Form des Verbs
I**'ll** help you with the luggage!

Bildung: *will* + Infinitive

Conditional tenses Konditional

Conditional

Erscheint bei irrealen Bedingungssätzen im Hauptsatz; bezieht sich auf Folgerungen aus theoretisch erfüllbaren oder nicht erfüllbaren Bedingungen in der Gegenwart oder Zukunft.
Wichtig: Im Nebensatz des irrealen Bedingungssatzes (*if*-Teil) wird kein *would* verwendet; das Prädikat steht vielmehr in der Past-Simple-Form:
If I *had* more money, I **would buy** a Ferrari.

If you *played* tennis in your car, you **would get hurt**!

Bildung: *would* + Infinitive

Conditional Perfect

Erscheint bei irrealen Bedingungssätzen im Hauptsatz; bezieht sich auf Folgerungen aus theoretisch erfüllbaren oder nicht erfüllbaren Bedingungen in der Vergangenheit.
Wichtig: Im Nebensatz des irrealen Bedingungssatzes (**if**-Teil) wird kein **would** *(***have***)* verwendet; das Prädikat steht vielmehr in der Past-Perfect-Form:
If you *had played* tennis regularly, you **would have been** fitter.

Bildung: *would have* + Past Participle

Sonstige Zeitformen

Used to

Für Gewohnheiten, sich wiederholende Handlungen und andauernde Zustände in der Vergangenheit; lässt sich mit *früher* übersetzen:
Jim always **used to** wear a leather jacket.
Germany **used to** be divided into two countries.
Bildung: *used to* + Infinitive

Am / are / is going to

Bezieht sich auf beabsichtigte Handlungen sowie auf Schlussfolgerungen aufgrund von Tatsachen oder Umständen in der Gegenwart, welche *nach* dem Sprechzeitpunkt eintreten. Lässt sich gut mit *werden* übersetzen:
I **am going to** practise my English every day.
Sally **is going to** become a very capable manager.

Bildung: *am/are/is going to* + Infinitive

Was / were going to

Bezieht sich auf beabsichtigte Handlungen in der Vergangenheit – die nicht zustande gekommen sind:
We **were going to** drink the wine, but I broke the bottle.

Bildung: *was/were going to* + Infinitive

Modalverben

Modalverben haben im Englischen keine Infinitivform und werden auch nicht konjugiert. Sie werden immer in Verbindung mit einem Vollverb im Infinitiv gebraucht.

Formen		Verneinte Formen	
can	kann	**can't**	kann nicht
could	könnte *und* konnte	**couldn't**	könnte *und* konnte nicht
will	werde (*äußerst selten:* will)	**won't**	werde nicht
would	würde *und* wurde	**wouldn't**	würde *und* wurde nicht
may	darf *und* könnte	**may not**	darf *und* könnte nicht
might	dürfte *und* könnte	**mightn't**	dürfte *und* könnte nicht
ought to	sollte (eigentlich)	**oughtn't to**	sollte (eigentlich) nicht
must	muss	**mustn't**	**darf nicht**
		needn't	**muss nicht**
should	sollte	**shouldn't**	sollte nicht

Folgende Kombinationen sind möglich:

Statement / Aussage

	can		
I	could		
You	will	play	
He	would	be playing	
She	may	have played	tennis
It	might	have been playing	
We	ought to		
They	must		
	should		

Negative / Verneinung

	can't		
I	couldn't		
You	won't		
He	wouldn't	play	
She	may not	be playing	tennis
It	mightn't	have played	
We	ought not to	have been playing	
They	mustn't		
	needn't		
	shouldn't		

Question / Frage

Can				
Could	I			
Will	you		play	
Would	he		be playing	
May	she		have played	tennis?
Might	it		have been playing	
Ought	we	to		
Must	they			
Should				

Mit den Formen der Modalverben können nicht alle Zeiten gebildet werden. Die fehlenden Zeiten werden durch sog. Ersatzverben gebildet:

Modalverb	**Ersatzverb**
can, could	be able to
will	be going to
may (darf)	be allowed to
must	have to
should	be supposed to

Can existiert nur im Present Simple und Past Simple. **Be able to** existiert in allen Zeitformen. Mit **can** kann man eine Fähigkeit, die Möglichkeit, etwas zu tun, und eine Erlaubnis ausdrücken. Mit **be able to** drückt man dagegen nur eine Fähigkeit aus.

Must existiert nur im Present Simple und nur in unverneinten Aussagen und Fragen. **Must** wird verwendet, wenn die Handlung aus einem inneren Antrieb erfolgt. Die Ersatzform **have to** wird dagegen gebraucht, wenn der Auslöser zur Handlung durch äußere Umstände bestimmt ist:

I **must** learn these verbs. *(Ich selbst habe dies beschlossen.)*
I **have to** learn these verbs. *(Die Lehrerin verlangt es.)*

Have to wird als Vollverb verwendet. Es existiert daher in allen Zeitformen, wie bei der Konjugation des Hilfsverbs *have* dargestellt.

Die Formen von **have** und **to** stehen *immer* nebeneinander
– auch bei den Negativformen!
Also: don't have to, doesn't have to usw.

Als Modalverb, das die Haltung des Sprechers ausdrückt, wird **need** nur in der verneinten Form **needn't** (*muss nicht*) gebraucht:

You **needn't** work today.

In der Bedeutung von *brauchen* wird **need** generell als Vollverb verwendet:
You **don't need** to work today.
I **need** a car to get to work.
I **don't need** a helicopter to get to work.
Do you **need** a taxi to get to work?

Reflexivverben

Im Englischern gibt es keine reinen Reflexivverben. Aber viele Verben können reflexiv benutz werden. Dann steht ein Reflexivpronomen dabei.
Das Reflexivpronomen steht in der Regel direkt hinter dem Verb bzw. dem letzten Verbteil.

He defended **himself** in the court.

Viele deutsche reflexive Verben sind im Englischen *nicht* reflexiv:

apply for sth.	*sich um etw. bewerben*
sit down	*sich setzen*
decide on sth.	*sich für etw. entscheiden*
remember sth. / s.o.	*sich an etw. / jmdn. erinnern*
feel	*sich fühlen*
report to s.o.	*sich bei jmdm. melden*
meet s.o.	*sich mit jmdm. treffen*
behave well	*sich gut verhalten*
arrange to meet	*sich verabreden*
gather around sth.	*sich um etw. versammeln*
afford sth.	*sich etw. leisten*
approach	*sich nähern*
complain	*sich beschweren*
imagine sth.	*sich etw. vorstellen*
move	*sich bewegen*
look forward to sth.	*sich auf etw, freuen*

Um eine **gegenseitige Beziehung** auszudrücken, verwendet man im Englischen das unveränderliche Pronomen **each other**:

We told **each other** our adventures.
– *Wir erzählten uns (gegenseitig) unsere Abenteuer.*

Passiv

Der Passiv wird mit den Formen von **be** in Verbindung mit dem Past Participle gebildet. In Passivsätzen steht die Handlung im Vordergrund. Daher wird der Handelnde meist nicht genannt. Will man dies tun, so verwendet man **by**:
It was written **by** Shakespeare. This is / has been published **by** Klett.

be taught gelehrt werden

Present Simple

I	'm	taught
you / we / they	're	taught
he / she / it	's	taught

Present Continuous

I	'm	being taught
you / we / they	're	being taught
he / she / it	's	being taught

Present Perfect

I / you / we / they	've	been taught
he / she / it	's	been taught

Present Perfect Continuous*

I / you / we / they	've	been being taught
he / she / it	's	been being taught

Past Simple

I / he / she / it	was	taught
you / we / they	were	taught

Past Continuous

I / he / she / it	was	being taught
you / we / they	were	being taught

Past Perfect

I / you / he / she / it / we / they	'd been taught

Past Perfect Continuous*

I / you / he / she / it / we / they	'd been being taught

Future Simple

I / you / he / she / it / we / they	'll be taught

Future Continuous

I / you / he / she / it / we / they	'll be being taught

Future Perfect

I / you / he / she / it / we / they	'll have been taught

Future Perfect Continuous*

I / you / he / she / it / we / they	'll have been being taught

Conditional

I / you / he / she / it / we / they	'd be taught

Conditional Perfect

I / you / he / she / it / we / they	'd have been taught

*Diese Zeiten kommen im Passiv äußerst selten vor.

Orthographische Besonderheiten

Orthographische Besonderheiten ergeben sich bei bestimmten Verben, wenn **s / es**, **ed / d / ied** sowie **-ing** an das Verb treten:

1. Verb + s / es

Bei der 3. Person Singular im Present Simple wird bei Verben, die auf **-ch**, **-sh**, **-ss**, **-o**, **-x** enden, **-es** angehängt:

watch	watch**es**

Bei Verben, die auf einen Konsonanten + **-y** enden, wird **-ies** angehängt; das **-y** fällt weg:

study	stud**ies**	carry	carr**ies**
try	tr**ies**		

Bei Verben, die auf einen Vokal + **-y** enden, wird nur ein **-s** angehängt:

play	play**s**	enjoy	enjoy**s**
buy	buy**s**		

2. Verb + ed/d/ied

Die Endung **ed** wird für regelmäßige Verben im Past Simple und für das Past Participle der regelmäßigen Verben benutzt.

Bei Verben, die auf **-e** enden, wird **-d** angehängt:

arrive	arrive**d**	change	change**d**

Bei Verben, die auf einen Konsonanten + **-y** enden, wird **-y** zu **-ied**:

carry	carr**ied**	study	stud**ied**
try	tr**ied**		

Bei Verben, die auf einen Vokal + Konsonant enden, wird der Konsonant verdoppelt:

stop	stop**ped**	plan	plan**ned**

Bei Verben mit zwei Silben, die auf einen Konsonanten enden, wird der Konsonant nur verdoppelt, wenn die letzte Silbe betont wird:

prefer	prefer**red**		

Aber:

visit	visit**ed**	offer	offer**ed**

AUSNAHME: Im BE* wird ein **-l** am Ende auch bei unbetonter Silbe verdoppelt. Im AE* trifft dies nicht zu:

travel	travel**led** BE*	travel**ed** AE*

3. Verb + ing

Bei der Bildung der **-ing**-Form fällt bei Verben, die auf **-e** enden, das **-e** weg:

have	hav**ing**	dance	danc**ing**

Verben, deren Endkonsonant betont ist und einem Vokal folgt, verdoppeln den Konsonanten:

stop	stop**ping**	get	get**ting**
plan	plan**ning**	begin	begin**ning**

AUSNAHME: Im BE* wird ein **-l** am Ende, das einem Vokal folgt, auch bei unbetonter Silbe verdoppelt:

cancel	cancel**ling** BE*	cancel**ing** AE*

*AE = amerikanisches Englisch *BE = britisches Englisch

Kurzformen

Kurzformen gibt es bei den Verben **be**, **have**, **will** und **do**. Sie werden in der gesprochenen Sprache häufiger benutzt als die Vollformen. Auch die Verneinungsform **not** wird meist zu **n't** verkürzt und an das Hilfsverb angehängt.

	Vollform		Kurzform
be	**am**	*I*	**'m**
	am not		**'m not**
	are		**'re**
	are not	you / we / they	**'re not/aren't**
	is	he / she / it	**'s**
	is not		**isn't**
	was not	I / he / she / it	**wasn't**
	were not	you / we / they	**weren't**
have*	**have**	I / you / we / they	**'ve**
	have not		**haven't**
	has	he / she**	**'s**
	has not	he / she / it	**hasn't**
	had	I / you / we / they / he / she**	**'d**
	had not	I / you / we / they / he / she / it	**hadn't**
will	**will**	I / you / we / they /	**'ll**
	will not	he / she / it	**won't**
	would	I / you / we / they / he / she**	**'d**
	would not	I / you / we / they / he / she / it	**wouldn't**
do	**do not**	I / you / we / they	**don't**
	does not	he / she / it	**doesn't**
	did not	I / you / we / they / he / she / it	**didn't**

* Bei **have** als Vollverb werden nur die Vollformen verwendet: I have a new deck of cards.

** Für **it has**, **it had** und **it would** gibt es keine Kurzform.

I'**m** playing cards. – *Ich spiele gerade Karten.*
They'**ve** played cards. – *Sie haben Karten gespielt.*

Fragewörter

what	*was*	**What** does *www* mean?
which	*welche/r/s*	**Which** is/are yours?
who	*wer*	**Who** invited you?
whose	*wessen*	**Whose** coat is this?
where	*wo*	**Where** do you live?
when	*wann*	**When** is he arriving?
why	*warum*	**Why** are you late?
how	*wie*	**How** are you?
how much	*wie viel*	**How much** is that?
how many	*wie viele*	**How many** are there?

Achtung! Fragewörter werden nicht immer genauso wie im Deutschen verwendet.
Where are you going **to**? – *Wohin gehst du?/Wo gehst du hin?*
What time is it? – *Wie viel Uhr ist es?*
What is your name? – *Wie ist Ihr Name?*

Fragen und Verneinungen

Fragen und Verneinungen mit Vollverben müssen im Present Simple und Past Simple mit dem Hilfsverb **do** + Infinitiv konstruiert werden.

Present Simple	Past Simple
Do you **play** cards?	Why **did** he **play** cards yesterday?
No, I **don't play** cards.	He **didn't play** cards.

Ausnahmen:

- Fragen nach dem Subjekt (**Who?** – *Wer?*) werden ohne **do** gebildet:
  Who **wants** to play cards with me?

- Auch beim Verb **be** sowie bei vielen Modalverben (**can**, **could**, **will** usw.) werden Fragen und Verneinungen ohne **do** gebildet:
  Why **are** you so tired? **Can** you tell me the reason?
  I **could not** sleep last night.

In allen anderen Zeiten werden
- Verneinungen immer nur mit **not** gebildet:
  I **have not played** tennis yet.
- Fragen ohne das Hilfsverb **do** konstruiert:
  Have you ever played tennis?

Werden **do** und **have** als **Vollverben** benutzt, werden Verneinungen und Fragen im Present Simple und Past Simple wie bei allen anderen Vollverben ebenfalls mit **do** konstruiert.
Do you **have** a pencil?
They **did not do** their homework yesterday.

Übrigens: In der Bedeutung von *besitzen* wird häufig auch **have got/has got** statt der Present-Simple-Form von *have* benutzt.
Sarah **has got** a bicycle. – *Sarah hat ein Fahrrad.*
Have you **got** a motorbike? – *Hast du ein Motorrad?*

Kurzantworten

Da im Englischen die bloße Antwort mit **yes** oder **no** unhöflich wirkt, werden häufig Kurzantworten verwendet. Hierbei wird das Verb bzw. das Hilfsverb oder Modalverb, das in der Frage verwendet wurde, bei der Antwort wieder aufgenommen.

Are you ready? Yes, I **am**.
Do you play golf? Yes, I **do**.
Did she call them? No, she **did not**.
Have you seen him today? Yes, I **have**.
Can he play cards? Yes, he **can**.

Achtung! Ein Demonstrativpronomen in der Frage wird in der Antwort durch das entsprechende Personalpronomen ersetzt:
Is **that** your hat? No, **it** isn't. – *Ist das dein Hut? Nein.*

Frageanhängsel (question tags)

Für das deutsche *nicht wahr? / oder (nicht)?* gilt im Englischen: Hilfsverb und Subjekt aus dem Aussagesatz werden nochmals aufgenommen. Dabei wird das Subjekt ggf. durch das entsprechende Personalpronomen ersetzt und das Hilfsverb ins Gegenteil gesetzt.

Achtung! Hinter einer bejahenden Aussage steht das verneinte Anhängsel, hinter einer verneinten Aussage steht das bejahende Anhängsel.

Jenny has already arrived, **hasn't she**?
– *Jenny ist schon angekommen, oder?*
But Bob is not here, **is he**?
– *Aber Bob ist nicht da, oder?*

Wenn im Aussagesatz nur ein Vollverb vorkommt, wird es im question tag durch **do** ersetzt.
You **know** Bob, **don't you**?
– *Du kennst Bob, oder nicht?*

be sein

Bei den zusammengesetzten Zeiten mit **be** wird die Verneinung ohne **do**-Formen allein mit **not** bzw. **-n't** gebildet. Auch bei der Bildung von Fragen wird keine **do**-Form verwendet:

The child **isn't** sleeping.
Is the child sleeping?

In Verbindung mit einer Ergänzung gehört **be** zu den Vollverben. Für verneinte Aussagesätze und Fragen gelten aber trotzdem die gleichen Regeln wie bei den Sätzen, in denen **be** als Hilfsverb fungiert:

We **are** English. (Vollverb)
We **aren't** French. (Vollverb)
Are you teachers? (Vollverb)
Aren't you teachers? (Vollverb)

Statement / Aussage

Present Simple

I	'm / am	
you / we / they	're / are	
he / she / it	's / is	

Present Continuous

I	'm / am	being
you / we / they	're / are	being
he / she / it	's / is	being

Present Perfect

I / you / we / they	've / have	been
he / she / it	's / has	been

Present Perfect Continuous

I / you / we / they	've / have	been being
he / she / it	's / has	been being

Past Simple

I / he / she / it	was	
you / we / they	were	

Past Continuous

I / he / she / it	was	being
you / we / they	were	being

Past Perfect

I / you / he / she / it / we / they	'd / had	been

Past Perfect Continuous

I / you / he / she / it / we / they	'd / had	been being

Future Simple

I / you / he / she / it / we / they	'll / will be	

Future Continuous

I / you / he / she / it / we / they	'll / will be	being

Future Perfect

I / you / he / she / it / we / they	'll / will have	been

Future Perfect Continuous

I / you / he / she / it / we / they	'll / will have	been being

Conditional

I / you / he / she / it / we / they	'd / would	be

Conditional Perfect

I / you / he / she / it / we / they	'd / would have	been

Negative / Verneinung

Present Simple

I	'm not / am not
you / we / they	aren't / are not
he / she / it	isn't / is not

Present Continuous

I	'm not / am not	being
you / we / they	aren't / are not	being
he / she / it	isn't / is not	being

Present Perfect

I / you / we / they	haven't / have not	been
he / she / it	hasn't / has not	been

Present Perfect Continuous

I / you / we / they	haven't / have not	been being
he / she / it	hasn't / has not	been being

Past Simple

I / he / she / it	wasn't / was not	
you / we / they	weren't / were not	

Past Continuous

I / he / she / it	wasn't / was not	being
you / we / they	weren't / were not	being

Past Perfect

I / you / he / she / it / we / they	hadn't / had not	been

Past Perfect Continuous

I / you / he / she / it / we / they	hadn't / had not been	being

Future Simple

I / you / he / she / it / we / they	won't / will not	be

Future Continuous

I / you / he / she / it / we / they	won't / will not	be being

Future Perfect

I / you / he / she / it / we / they	won't / will not	have been

Future Perfect Continuous

I / you / he / she / it / we / they	won't / will not	have been being

Conditional

I / you / he / she / it / we / they	wouldn't / would not	be

Conditional Perfect

I / you / he / she / it / we / they	wouldn't / would not	have been

Question / Frage

Present Simple

Am	I?
Are	we / you / they?
Is	he / she / it?

Present Continuous*

Am	I	being?
Are	you / we / they	being?
Is	he / she / it	being?

Present Perfect

Have	I / you / we / they	been?
Has	he / she / it	been?

Present Perfect Continuous

Have	I / you / we / they	been being?
Has	he / she / it	been being?

Past Simple

Was	I / he / she / it?
Were	you / we / they?

Past Continuous*

Was	I / he / she / it	being?
Were	you / we / they	being?

Past Perfect

Had	I / you / he / she / it / we / they been?

Past Perfect Continuous

Had	I / you / he / she / it / we / they been being?

Future Simple

Will	I / you / he / she / it / we / they be?

Future Continuous

Will I/you/he/she/it/we/they be being?

Future Perfect

Will I/you/he/she/it/we/they have been?

Future Perfect Continuous

Will I/you/he/she/it/we/they have been being?

Conditional

Would I/you/he/she/it/we/they be?

Conditional Perfect

Would I/you/he/she/it/we/they have been?

have haben

Bei den zusammengesetzten Zeiten mit **have** wird die Verneinung ohne **do**-Formen allein mit **not** bzw. -**n't** gebildet. Auch bei der Bildung von Fragen wird keine **do**-Form verwendet:

I have**n't** seen him today.
Have you seen him today?

In der Bedeutung *besitzen* oder *als Merkmal aufweisen* wird **have** in den einfachen Zeiten als Vollverb verwendet. Verneinung und Frage werden in diesem Fall mit **do** gebildet:

I **have** a computer.
I **don't have** a scanner.
Do you **have** a printer?

In der Bedeutung *besitzen* bzw. *als Merkmal aufweisen* bildet **have** als Vollverb die entsprechenden zusammengesetzten Zeiten mit **have** als Hilfsverb. Das Verb **have** kann in einem Satz also gleichzeitig sowohl als Hilfsverb als auch als Vollverb auftreten. Verneinung und Frage werden in diesem Fall ohne **do** gebildet:

I *have* **had** a computer. (*Hilfsverb* und Vollverb)
I *haven't* **had** a scanner. (*Hilfsverb* und Vollverb)
Have you **had** a printer? (*Hilfsverb* und Vollverb)

Im britischen Englisch wird häufig im Present Simple auch die Variante mit **have got** verwendet:

I **have got** a computer.
I **haven't got** a scanner.
Have you **got** a printer?

In Verbindung mit bestimmten Substantiven tritt **have** ebenfalls als Vollverb auf: *have breakfast, have a bath, have a weekend.* Es gelten hierbei die gleichen Regeln wie bei *have* in der Bedeutung *besitzen, als Merkmal aufweisen*:

I **had** a nice holiday.
I **didn't** have a nice weekend.
Did you have breakfast this morning?

STATEMENT / AUSSAGE

Present Simple

I / you / we / they	have	
he / she / it	has	

Present Continuous

I	'm / am	having
you / we / they	're / are	having
he / she / it	's / is	having

Present Perfect

I / you / we / they	've / have	had
he / she / it	's / has	had

Present Perfect Continuous

I / you / we / they	've / have	been having
he / she / it	's / has	been having

Past Simple

I / you / he / she / it / we / they		had

Past Continuous

I / he / she / it	was	having
you / we / they	were	having

NEGATIVE / VERNEINUNG

Present Simple

I / you / we / they	don't / do not	have
he / she / it	doesn't / does not	have

Present Continuous

I	'm not / am not	having
you / we / they	aren't / are not	having
he / she / it	isn't / is not	having

Present Perfect

I / you / we / they	haven't / have not	had
he / she / it	hasn't / has not	had

Present Perfect Continuous

I / you / we / they	haven't / have not	been having
he / she / it	hasn't / has not	been having

Past Simple

I / you / he / she / it / we / they	didn't / did not have

Past Continuous

I / he / she / it	wasn't / was not	having
you / we / they	weren't / were not	having

QUESTION / FRAGE

Present Simple

Do	I / you / we / they	have?
Does	he / she / it	have?

Present Continuous

Am	I having?	
Are	you / we / they	having?
Is	he / she / it	having?

Present Perfect

Have	I / you / we / they	had?
Has	he / she / it	had?

Present Perfect Continuous

Have	I / you / we / they	been having?
Has	he / she / it	been having?

Past Simple

Did	I / you / he / she / it / we / they	have?

Past Continuous

Was	I / he / she / it	having?
Were	you / we / they	having?

do machen / tun

Will man Sätze verneinen, dessen Prädikat nur aus einem Vollverb gebildet ist, so geschieht dies mit den Formen des Hilfsverbs **do** und mit der Verneinungspartikel **not** bzw. **-n't**. Das Hilfsverb **do** wird auch bei der Bildung von Fragen verwendet, bei denen das Prädikat nur aus einem Vollverb besteht:

David **doesn't / does not** live in Germany.
Does Susan live in Germany?

Do kann aber auch als Vollverb verwendet werden. Verneinung und Frage erfolgen in diesem Fall wie bei den anderen Vollverben ebenfalls mit **do**:

I **do** the dishes every day.
I **don't** do the windows every day.
Do you do the lawn twice a week?

STATEMENT / AUSSAGE

Present Simple

I / you / we / they	do	
he / she / it	does	

Present Continuous

I	'm / am	doing
you / we / they	're / are	doing
he / she / it	's / is	doing

Present Perfect

I / you / we / they	've / have	done
he / she / it	's / has	done

Present Perfect Continuous

I / you / we / they	've / have	been doing
he / she / it	's / has	been doing

Past Simple

I / you / he / she / it / we / they	did

Past Continuous

I / he / she / it	was	doing
you / we / they	were	doing

Past Perfect

I / you / he / she / it / we / they 'd / had done

Past Perfect Continuous

I / you / he / she / it / we / they 'd / had been doing

Future Simple

I / you / he / she / it / we / they 'll / will do

Future Continuous

I / you / he / she / it / we / they 'll / will be doing

Future Perfect

I / you / he / she / it / we / they 'll / will have done

Future Perfect Continuous

I / you / he / she / it / we / they 'll / will have been doing

Conditional

I / you / he / she / it / we / they 'd / would do

Conditional Perfect

I / you / he / she / it / we / they 'd / would have done

Negative / Verneinung

Present Simple

I / you / we / they	don't / do not	do
he / she / it	doesn't / does not	do

Present Continuous

I	'm not / am not	doing
you / we / they	aren't / are not	doing
he / she / it	isn't / is not	doing

Present Perfect

I / you / we / they	haven't / have not	done
he / she / it	hasn't / has not	done

Present Perfect Continuous

I/you/we/they	haven't/have not	been doing
he/she/it	hasn't/has not	been doing

Past Simple

I/you/he/she/it/ we/they	didn't/did not	do

Past Continuous

I/he/she/it	wasn't/was	not doing
you/we/they	weren't/were	not doing

Past Perfect

I/you/he/she/it/we/they	hadn't/had not	done

Past Perfect Continuous

I/you/he/she/it/we/they	hadn't/had not	been doing

Future Simple

I/you/he/she/it/we/they	won't/will not	do

Future Continuous

I/you/he/she/it/we/they	won't/will not	be doing

Future Perfect

I/you/he/she/it/we/they	won't/will not have	done

Future Perfect Continuous

I/you/he/she/it/we/they	won't/will not have	been doing

Conditional

I/you/he/she/it/we/they	wouldn't/would not	do

Conditional Perfect

I/you/he/she/it/we/they	wouldn't/would not	have done

QUESTION / FRAGE

Present Simple

Do	I / you / we / they	do?
Does	he / she / it	do?

Present Continuous

Am	I	doing?
Are	you / we / they	doing?
Is	he / she / it	doing?

Present Perfect

Have	I / you / we / they	done?
Has	he / she / it	done?

Present Perfect Continuous

Have	I / you / we / they	been doing?
Has	he / she / it	been doing?

Past Simple

Did	I / you / he / she / it / we / they	do?

Past Continuous

Was	I / he / she / it	doing?
Were	you / we / they	doing?

Past Perfect

Had	I / you / he / she / it / we / they	done?

Past Perfect Continuous

Had	I / you / he / she / it / we / they	been doing?

Future Simple

Will	I / you / he / she / it / we / they	do?

Future Continuous

Will	I / you / he / she / it / we / they	be doing?

Future Perfect

Will	I / you / he / she / it / we / they	have done?

Future Perfect Continuous

Will	I / you / he / she / it / we / they	have been doing?

Conditional

Would	I / you / he / she / it / we / they	do?

Conditional Perfect

Would	I / you / he / she / it / we / they	have done?

eat essen / fressen

Present Simple

I / you / we / they	eat
he / she / it	eat**s**

Present Continuous

I	'm	eating
you / we / they	're	eating
he / she / it	's	eating

Present Perfect

I / you / we / they	've	eaten
he / she / it	's	eaten

Present Perfect Continuous

I / you / we / they	've	been eating
he / she / it	's	been eating

Past Simple

I / you / he / she / it / we / they	ate

Past Continuous

I / he / she / it	was	eating
you / we / they	were	eating

Past Perfect

I / you / he / she / it / we / they	'd	eaten

Past Perfect Continuous

I / you / he / she / it / we / they	'd	been eating

Future Simple

I / you / he / she / it / we / they	'll	eat

Future Continuous

I / you / he / she / it / we / they	'll	be eating

Future Perfect

I / you / he / she / it / we / they	'll	have eaten

Future Perfect Continuous

I / you / he / she / it / we / they	'll	have been eating

Conditional

I / you / he / she / it / we / they	'd	eat

Conditional Perfect

I / you / he / she / it / we / they	'd	have eaten

go gehen / funktionieren

Present Simple

I / you / we / they	go
he / she / it	go**es**

Present Continuous

I	'm	going
you / we / they	're	going
he / she / it	's	going

Present Perfect

I / you / we / they	've	gone
he / she / it	's	gone

Present Perfect Continuous

I / you / we / they	've	been going
he / she / it	's	been going

Past Simple

I / you / he / she / it / we / they	went

Past Continuous

I / he / she / it	was	going
you / we / they	were	going

Past Perfect

I / you / he / she / it / we / they	'd	gone

Past Perfect Continuous

I / you / he / she / it / we / they	'd	been going

Future Simple

I / you / he / she / it / we / they	'll	go

Future Continuous

I / you / he / she / it / we / they	'll	be going

Future Perfect

I / you / he / she / it / we / they	'll	have gone

Future Perfect Continuous

I / you / he / she / it / we / they	'll	have been going

Conditional

I / you / he / she / it / we / they	'd	go

Conditional Perfect

I / you / he / she / it / we / they	'd	have gone

speak sprechen

Present Simple

I / you / we / they	speak
he / she / it	speak**s**

Present Continuous

I	'm	speaking
you / we / they	're	speaking
he / she / it	's	speaking

Present Perfect

I / you / we / they	've	spoken
he / she / it	's	spoken

Present Perfect Continuous

I / you / we / they	've	been speaking
he / she / it	's	been speaking

Past Simple

I / you / he / she / it / we / they	spoke

Past Continuous

I / he / she / it	was	speaking
you / we / they	were	speaking

Past Perfect

I / you / he / she / it / we / they	'd	spoken

Past Perfect Continuous

I / you / he / she / it / we / they	'd	been speaking

Future Simple

I / you / he / she / it / we / they	'll	speak

Future Continuous

I / you / he / she / it / we / they	'll	be speaking

Future Perfect

I / you / he / she / it / we / they	'll	have spoken

Future Perfect Continuous

I / you / he / she / it / we / they	'll	have been speaking

Conditional

I / you / he / she / it / we / they	'd	speak

Conditional Perfect

I / you / he / she / it / we / they	'd	have spoken

Weitere unregelmäßige Verben

Infinitive	Past Simple	Past Participle	
beat	beat	beaten	*schlagen*
become	became	become	*werden*
begin	began	begun	*beginnen*
bend	bent	bent	*beugen, verbiegen*
bite	bit	bitten	*beißen*
blow	blew	blown	*blasen*
break	broke	broken	*(zer)brechen*
bring	brought	brought	*(her)bringen*
build	built	built	*bauen*
burn	burnt	burnt	*(ver)brennen*
buy	bought	bought	*kaufen*
catch	caught	caught	*fangen*
choose	chose	chosen	*wählen, aussuchen*
come	came	come	*kommen*
cost	cost	cost	*(einen Preis/Wert) kosten*
cut	cut	cut	*schneiden*
deal	dealt	dealt	*handeln*
dig	dug	dug	*graben*
draw	drew	drawn	*zeichnen*
dream	dreamt, dreamed	dreamt, dreamed	*träumen*
drink	drank	drunk	*trinken*
drive	drove	driven	*fahren*
fall	fell	fallen	*fallen*
feed	fed	fed	*füttern*
feel	felt	felt	*(sich) fühlen*
fight	fought	fought	*kämpfen*
find	found	found	*finden*
fly	flew	flown	*fliegen*
forecast	forecast(ed)	forecast(ed)	*vorhersagen*
forbid	forbade	forbidden	*verbieten*
forget	forgot	forgotten	*vergessen*

Infinitive	Past Simple	Past Participle	
forgive	forgave	forgiven	*verzeihen*
freeze	froze	frozen	*(ge)frieren*
get	got	got AE:* gotten	*bekommen*
give	gave	given	*geben*
grow	grew	grown	*wachsen (lassen), züchten*
hang	hung	hung	*hängen*
have	had	had	*haben*
hear	heard	heard	*hören*
hide	hid	hidden	*(sich) verstecken*
hit	hit	hit	*schlagen*
hold	held	held	*halten*
hurt	hurt	hurt	*wehtun*
keep	kept	kept	*behalten*
know	knew	known	*wissen, kennen*
lay	laid	laid	*(hin)legen*
lead	led	led	*führen*
learn	learnt, learned	learnt, learned	*lernen*
leave	left	left	*(ver)lassen*
lend	lent	lent	*(aus)leihen*
let	let	let	*lassen*
lie	lay	lain	*liegen*
light	lit	lit	*anzünden*
lose	lost	lost	*verlieren*
make	made	made	*machen*
meet	met	met	*(sich) treffen*
pay	paid	paid	*bezahlen*
put	put	put	*legen, stellen, setzen*
read	read	read	*lesen*
ride	rode	ridden	*reiten, fahren*
ring	rang	rung	*klingeln*
rise	rose	risen	*sich erheben*
run	ran	run	*rennen*
say	said	said	*sagen*
see	saw	seen	*sehen*

Infinitive	Past Simple	Past Participle	
sell	sold	sold	*verkaufen*
send	sent	sent	*schicken, senden*
set	set	set	*stellen, setzen*
sew	sewed	sewn	*nähen*
shake	shook	shaken	*schütteln*
shine	shone	shone	*scheinen*
shoot	shot	shot	*(er)schießen*
show	showed	shown	*zeigen*
shut	shut	shut	*schließen*
sing	sang	sung	*singen*
sit	sat	sat	*sitzen*
sleep	slept	slept	*schlafen*
smell	smelt, smelled	smelt, smelled	*riechen*
spell	spelt, spelled	spelt, spelled	*buchstabieren*
spend	spent	spent	*ausgeben, verbringen*
spill	spilt, spilled	spilt, spilled	*verschütten*
spoil	spoilt, spoiled	spoilt, spoiled	*verderben, verwöhnen*
spread	spread	spread	*ausbreiten, streichen*
stand	stood	stood	*stehen*
steal	stole	stolen	*stehlen*
stick	stuck	stuck	*kleben*
sting	stung	stung	*stechen*
swim	swam	swum	*schwimmen*
take	took	taken	*nehmen*
teach	taught	taught	*lehren*
tear	tore	torn	*zerreißen*
tell	told	told	*erzählen*
think	thought	thought	*denken, meinen*
throw	threw	thrown	*werfen*
tread	trod	trodden	*treten*
understand	understood	understood	*verstehen*

Infinitive	Past Simple	Past Participle	
wake	woke	woken	*(auf)wachen*
wear	wore	worn	*tragen*
win	won	won	*gewinnen*
write	wrote	written	*schreiben*

*AE = amerikanisches Englisch